LOI ALLEMANDE

SUR LES

BREVETS D'INVENTION

Par D.-A. CASALONGA

INGÉNIEUR-CONSEIL

PRIX : 2 fr. 50

A L'OFFICE INTERNATIONAL DES

BREVETS D'INVENTION

15 — Rue des Halles — 15

PARIS

CHARLEVILLE

TYPOGRAPHIE ET LITHOGRAPHIE DE A. POUILLARD

—

1880

BREVETS D'INVENTION

EN FRANCE ET A L'ÉTRANGER

CONSULTATIONS

TECHNIQUES LÉGALES

SUR LA

Propriété industrielle

MARQUES DE FABRIQUE

MODÈLES ET DESSINS

RECHERCHES

ACTIONS ET DÉFENSES

en cas de procès en contrefaçon

LOI ALLEMANDE

SUR LES

BREVETS D'INVENTION

Par **D.-A. CASALONGA**

INGÉNIEUR-CONSEIL

PRIX : 2 fr. 50

A L'OFFICE INTERNATIONAL DES

BREVETS D'INVENTION

15 — Rue des Halles — 15

PARIS

CHARLEVILLE

TYPOGRAPHIE ET LITHOGRAPHIE DE A. POUILLARD

—

1880

LOI ALLEMANDE
SUR LES BREVETS D'INVENTION

La loi allemande, mise en vigueur le 25 mai 1877, a été substituée à une foule de législations locales, dont la plupart étaient comprises dans le Zolwereing. Chacune de ces législations exigeait des taxes particulières, et c'était, pour la plupart, le seul point commun, les formalités et conditions inhérentes aux brevets étant assez différentes dans chaque Etat ou Duché. Le Mecklembourg, Brême, Lubeck, Hambourg n'avaient en outre aucune législation relative aux brevets.

On pourrait admettre que c'est à cause, sans doute, de la multiplicité de ces taxes, de ces formalités, que le brevet allemand a été estimé à un très-haut prix ; car la somme totale à payer dans les 15 ans de la durée du brevet, ne s'élève pas à moins de 6,725 francs.

Nous en avons le premier signalé l'exagération, et nous croyons qu'elle est le résultat des efforts de ceux qui, en Allemagne, en Prusse notamment, étaient hostiles au principe d'une loi sur les brevets.

A la suite du Congrès de Vienne sur les brevets d'invention, et des avertissements sévères de ce Congrès, les adversaires des brevets, réduits à un petit nombre et désireux de contribuer, en Allemagne, à l'unité de l'Empire, se résignèrent à accepter une loi, dans laquelle ce n'est pas sans peine que les partisans des inventeurs ont pu introduire des clauses libérales.

Telle qu'elle est cependant, la loi allemande est un très-grand progrès sur l'ancien état de choses ; nous aurons, après l'avoir simplement exposée, à en faire ressortir les points les plus importants.

TITRE Ier

DROIT AUX BREVETS D'INVENTION

Article 1er. — Il est accordé des brevets pour les inventions nouvelles susceptibles d'une exploitation industrielle. Sont exceptées :

1° Les inventions dont l'exploitation serait contraire aux lois ou aux bonnes mœurs ;

2° Les inventions relatives aux objets d'alimentation ou de consommation, aux médicaments ou remèdes et aux matières obtenues par la voie chimique ; à moins que ces inventions ne se rapportent à un procédé spécial pour la fabrication de ces divers objets.

Art. 2. — Une invention n'est pas réputée nouvelle, lorsqu'au moment de la déclaration qui en est faite en vertu de cette loi, elle se trouve décrite dans des feuilles publiques imprimées, ou appliquée si ouvertement en Allemagne, qu'il en ressorte que tout spécialiste peut en faire usage.

Art. 3. — A droit à la délivrance d'un brevet celui qui, le premier, a déclaré l'invention, conformément à la présente loi.

N'a pas droit à la délivrance d'un brevet, celui dont la déclaration, est au fond, empruntée aux descriptions, dessins, modèles, outils ou installations d'un tiers, ou à un procédé déjà appliqué par ce tiers, tout cela sans le consentement de celui-ci, et étant donné que ce tiers a élevé une opposition fondée sur ce motif.

Art. 4. — L'effet du brevet est tel que, sans le consentement du détenteur du brevet, nul n'est fondé à produire industriellement, à mettre dans la circulation ou à vendre l'objet de l'invention.

Lorsqu'il s'agit d'un procédé, d'une machine, d'un appareil, d'un outil ou d'un instrument de travail, le brevet a en outre pour effet d'empêcher quiconque d'appliquer le procédé ou d'user de l'objet de l'invention, sans le consentement de l'inventeur.

Art. 5. — Le brevet est sans effet contre celui qui, au moment de la demande faite par le requérant, avait *déjà appli-*

qué l'invention en Allemagne ou fait les préparatifs nécessaires pour une telle application. Le brevet est également sans effet, lorsque, en vertu d'une ordonnance du Chancelier, l'invention doit être appliquée en faveur de l'armée, de la flotte ou en général dans l'intérêt de la prospérité publique. Mais dans ce cas, le breveté a droit, vis-à-vis de l'Empire ou de l'Etat qui a demandé la restriction du brevet dans son intérêt particulier, à une indemnité convenable qui, faute d'une entente, sera fixée par les tribunaux.

L'effet du brevet ne s'étend pas aux appareils de transport qui pénètrent passagèrement en Allemagne.

Art. 6. — Le droit à la délivrance du brevet et les droits découlant du dit brevet passent aux héritiers. Ces droits sont transmissibles, en tout ou en partie, par convention ou par disposition testamentaire.

Art. 7. — La durée des brevets est fixée à quinze ans, à partir du lendemain du dépôt de la demande. Si une invention a pour objet le perfectionnement d'une autre invention, déjà protégée par un brevet accordé au requérant, celui-ci peut demander la délivrance d'un brevet complémentaire (certificat d'addition), qui expire en même temps que le brevet principal.

Art. 8. — Lors de la délivrance de chaque brevet, il sera perçu une taxe de 30 marks. En outre, et sauf pour les brevets complémentaires (art. 7), il sera perçu, au commencement de la seconde année et de chacune des années suivantes de la durée du brevet, une taxe qui est de 50 marcs pour la première année, et s'accroît de 50 marcs à chacune des années successives.

Il est accordé aux brevetés qui prouvent leur indigence, des délais pour le paiement de la taxe de la première et de la seconde année du brevet, et même de la troisième année, si le brevet expire au bout de 3 ans.

Art. 9. — Le brevet expirera lorsque le breveté y renoncera ou que la taxe ne sera pas payée, au plus tard, trois mois après la date de son échéance.

Art. 10. — Le brevet sera déclaré nul, lorsqu'il sera établi :

1° Que l'invention n'était pas brevetable, en vertu des articles 1 et 2 ;

2° Que le fonds de la déclaration a été emprunté aux descriptions, dessins, modèles, outils ou dispositions d'un tiers, ou à un procédé appliqué par ce tiers, et *cela sans le consentement de celui-ci.*

Art. 11. — Le brevet pourra être retiré après trois ans :

1° Lorsque le breveté aura négligé d'appliquer l'invention, en Allemagne, dans des proportions convenables, ou du moins n'aura pas fait le nécessaire pour assurer cette application ;

2° Lorsqu'il paraîtra, dans l'intérêt public, que des licences d'exploitation soient accordées à d'autres personnes et que le breveté refusera de concéder ces licences moyennant une indemnité équitable et des garanties suffisantes.

Art. 12. — L'étranger ne pourra réclamer la délivrance d'un brevet, ni faire valoir les droits qui en découlent, qu'autant qu'il aura élu un représentant en Allemagne. Celui-ci représentera le breveté dans la procédure qui aura lieu conformément à la présente loi, de même que dans les actions civiles relatives au brevet. Pour les actions à intenter au breveté, la Cour de justice compétente est celle dans l'arrondissement de laquelle le représentant a élu domicile. A défaut de domicile élu, c'est la Cour de justice dans l'arrondissement de laquelle la cour des brevets a son siége, qui est compétente.

TITRE II

DE L'OFFICE DES BREVETS D'INVENTION

Art. 13. — La délivrance, la déclaration de nullité et le retrait des brevets d'invention auront lieu par des décisions de l'office des brevets.

L'office des brevets aura son siége à Berlin. Il se composera d'au moins trois membres permanents, y compris le président, et de membres non permanents. Ces membres seront nommés par l'Empereur ; les autres employés seront nommés par le Chancelier de l'empire. La nomination des membres permanents aura lieu sur la proposition du Conseil fédéral. Dans le cas où ils exerceraient une charge de l'empire ou de l'Etat, ils seront nommés pour la durée de cette charge; sinon ils le seront à vie.

Trois au moins des membres permanents devront avoir les aptitudes nécessaires pour exercer les charges de la magistrature ou des hauts emplois de l'administration; les membres auxiliaires ou non permanents devront être versés dans une branche de la technologie.

Ne sont pas applicables aux membres auxiliaires les dispositions de l'article 16 de la loi du 31 mars 1873 sur la situation des fonctionnaires de l'Empire. Les fonctionnaires impériaux ne pourront accepter une autre fonction qu'avec l'autorisation de l'autorité suprême, et ne pourront accepter une fonction rétribuée dans une Société.

Art. 14. — L'office des brevets se composera de plusieurs divisions ou sections qui seront constituées d'avance pour un an au moins. Le même membre pourra appartenir à plusieurs divisions.

Chaque division devra comprendre la présence de trois membres au minimum, lorsqu'il s'agira de la délivrance d'un brevet; sur ces trois membres, il doit y en avoir deux au moins d'auxiliaires.

Il sera constitué une section spéciale pour ce qui concerne l'annulation et le retrait des brevets. Les décisions de cette division seront prises, y compris le président, par deux des membres assimilés aux juges, ou de hauts fonctionnaires administratifs, et par trois autres membres. Pour les autres décisions, la présence de trois membres suffira.

Les dispositions du code de procédure civile (30 janvier 1877), sur l'exclusion ou la récusation des juges, seront applicables ici avec les modifications nécessaires.

Peuvent être appelés à prendre part aux délibérations, des experts n'étant pas membres de l'office; mais ces experts n'auront pas droit de vote.

Art. 15. — Les décisions et résolutions des sections seront prises au nom de l'office des brevets; elles doivent être écrites, motivées et adressées d'office à tous les intéressés.

Les avis ayant trait à l'expiration de délais sont expédiés par la poste, et par lettre remise contre récépissé. Si l'avis ne peut être remis au destinataire, en Allemagne, il sera expédié par la poste, conformément aux articles 161 et 175 du Code de procédure civile, par tel fonctionnaire de l'office des brevets, chargé de ce service.

Un recours est ouvert contre les décisions de l'office des brevets.

Art. 16. — Si la décision d'une division de l'office des brevets est attaquée par voie de recours, il sera prononcé sur ce recours par une autre division ou par plusieurs divisions réunies. Ne pourra prendre part au vote un membre ayant concouru à la décision attaquée.

Art. 17. — La constitution des sections, la détermination des limites de leur compétence, la forme de la procédure et le règlement des affaires de l'office des brevets, seront arrêtés par une ordonnance impériale, de concert avec le Conseil fédéral, pour autant qu'il n'y sera pas statué par la présente loi.

Art. 18. — L'office des brevets est tenu de donner son avis, à la requête des tribunaux, sur des questions relatives aux brevets. Mais il n'est pas fondé à prendre des décisions ou à émettre un avis en dehors de sa compétence légale, sauf avec le consentement du Chancelier de l'Empire.

Art. 19. — L'office des brevets tiendra un registre matricule ou rôle indiquant l'objet et la durée des brevets délivrés, le nom et le domicile des brevetés et de leurs représentants constitués lors de leur demande de brevet. La date, l'expiration, l'extinction, l'annulation et la reprise ou retrait des brevets seront consignés dans le registre et publiés en même temps par le *Moniteur de l'Empire (Reichsanzeiger)*.

S'il y a changement de personne dans le breveté ou dans son représentant, et si ce changement est porté d'une façon authentique à la connaissance de l'office des brevets, il sera aussi mentionné au registre et publié par le *Moniteur de l'Empire*. Tant que cela n'aura pas eu lieu, le véritable breveté et son représentant demeureront avec les droits et obligations stipulés par la présente loi.

Le registre, ainsi que les descriptions, dessins, modèles et échantillons sur lesquels a été fondé le brevet, sont accessibles à toute personne pour autant qu'il ne s'agit pas d'un brevet pris au nom de l'administration impériale, en faveur de l'armée ou de la flotte.

L'office des brevets publiera les descriptions et les dessins, dans leurs parties essentielles, par l'organe d'une feuille officielle, hormis celles qui ne peuvent être accessibles à toute personne. Cette feuille publiera également les avis qui doivent paraître au *Moniteur de l'Empire* en vertu de la présente loi.

TITRE III

DE LA PROCÉDURE EN MATIÈRE DE BREVETS

Art. 20. — La demande d'un brevet doit être faite par écrit à l'office des brevets. Chaque invention nécessite une demande spéciale. Toute demande contiendra la requête d'un brevet et y désignera exactement l'objet revendiqué. Dans une annexe, l'invention sera décrite de telle façon que son application soit possible par toute autre personne spéciale. Devront être joints également les épures ou représentations figurées, dessins, modèles et échantillons nécessaires.

L'office des brevets édictera les autres dispositions relatives aux conditions auxquelles devra satisfaire la demande.

Jusqu'à ce que la publication de la demande ait été faite, il sera possible d'en modifier les indications. Au moment d'une demande de brevet, une taxe de 20 marcs sera payée pour frais de procédure ou d'examen.

Art. 21. — Si la demande ne répond pas aux prescriptions de la loi, l'office des brevets en désignera les défectuosités en demandant au requérant de la régulariser dans un délai fixé. S'il n'est pas donné suite à cette invitation dans le délai fixé, la demande sera repoussée.

Art. 22. — Si l'office des brevets juge admissibles la demande qui est présentée et la délivrance d'un brevet, elle ordonnera la publication de la demande. Du jour de cette demande, commence provisoirement, en faveur du breveté, pour l'objet de sa demande, l'effet légal du brevet (art. 4 et 5).

Si l'office des brevets estime qu'il n'y a pas invention brevetable, selon les art. 1 et 2, elle repoussera la demande.

Art. 23. — La publication de la demande aura lieu de telle sorte, que le *Moniteur officiel de l'Empire* publiera en même temps que le nom du demandeur, un résumé de sa demande. Dès ce moment, celle-ci sera, avec toutes ses annexes, accessible à chacun, à l'office des brevets. A la publication doit être joint l'avis que l'objet de la demande est provisoirement à l'abri d'une application illicite.

S'il s'agit d'un brevet demandé au nom de l'administration impériale, en faveur de l'armée ou de la flotte, la demande et ses annexes ne seront pas rendues publiques.

Art. 24. — A l'expiration d'un délai de huit semaines, à partir du jour de la publication (art. 23), l'office des brevets devra se prononcer sur la délivrance du brevet. Jusque-là, il peut être formé opposition à cette délivrance auprès de l'office. Cette opposition sera formulée par écrit et accompagnée de considérants. Elle ne peut être fondée que sur le défaut de nouveauté de l'invention, ou sur l'application de l'alinéa 2 de l'article 3.

Avant de rendre sa décision, l'office des brevets pourra ordonner la citation et l'audition des intéressés, réclamer une expertise sur la demande et l'avis de personnes compétentes dans une branche de la technologie ; il peut aussi ordonner une enquête sur la question.

Art. 25. — Le requérant peut recourir, dans un délai de quatre semaines à partir de l'intimation, contre la décision qui repousse la demande ; il peut, et l'auteur de l'opposition aussi dans les mêmes conditions, recourir contre la décision qui prononce la délivrance d'un brevet. Pour tout recours doit être versée la somme de 20 marcs pour frais de procédure ; si ce versement n'a pas lieu, le recours passe pour non avenu.

L'alinéa 2 de l'article 24 est applicable à cette procédure.

Art. 26. — Lorsque la délivrance du brevet sera définitivement décidée, l'office des brevets publiera un avis à ce sujet dans le *Moniteur officiel de l'Empire* et expédiera un document authentique au breveté.

Lorsque le brevet sera refusé, le refus sera également rendu public, et la protection provisoire considérée dès lors comme n'ayant jamais existé.

Art. 27. — L'instruction de la procédure en annulation ou reprise du brevet ne peut pas avoir lieu d'office, mais seulement en vertu d'une demande. Dans le cas du numéro 2 de l'article 10, la partie lésée seule est fondée à réclamer l'instruction. La demande en sera adressée par écrit à l'office des brevets et indiquera les faits sur lesquels elle s'appuie.

Art. 28. — L'instruction de la procédure étant décidée, l'office des brevets communiquera la demande au breveté, en l'invitant à s'expliquer à ce sujet dans les quatre semaines.

Si le breveté ne s'explique pas dans ce délai, il pourra être statué sur-le-champ, conformément à la demande, sans citation ni audition des intéressés; et la décision pourra admettre comme prouvé tout fait qui serait allégué par le demandeur (en nullité ou retrait).

Art. 29. — Si le breveté intervient en temps utile, ou si, dans le cas de l'alinéa 2 de l'art. 28, il n'est pas statué aussitôt dans le sens de la demande, l'office des brevets prendra les dispositions nécessaires pour éclairer l'affaire, et dans le cas de contredit de la part du breveté, ce contredit sera communiqué au demandeur. L'office peut ordonner l'audition de témoins et d'experts, auxquels s'appliquent, avec les modifications requises, les dispositions du Code de procédure civile. La production des preuves a lieu en présence d'un greffier assermenté.

La décision est prononcée après citation et audition des intéressés.

Si le retrait du brevet est demandé en vertu de l'alinéa 2 de l'art. 11, la décision donnant droit à cette demande sera précédée d'une menace de retrait, avec indication des motifs et fixation d'un délai convenable.

Art. 30. — Dans la décision (art. 28 et 29), l'office des brevets déterminera, suivant sa libre estimation, la part des frais de procédure incombant aux intéressés.

Art. 31. — Les tribunaux seront tenus de prêter leur concours à l'office des brevets. Sur la réquisition qui leur sera faite, ils fixeront une amende contre les témoins et les experts qui ne comparaîtront pas, ou qui refuseraient de témoigner ou de prêter serment; ils feront amener les témoins qui ne comparaîtraient pas volontairement.

Art. 32. — On peut appeler des décisions de l'office des brevets (art. 28 et 29). L'appel est de la compétence de la Cour ou tribunal suprême de commerce; il sera présenté à l'office des brevets par écrit et accompagné de considérants, dans un délai de six semaines après la signification.

La sentence de la Cour fixera également, conformément à l'art. 30, les frais de la procédure.

Pour le reste, la procédure de cette cour sera fixée par un règlement que rédigera la Cour elle-même, et qui sera arrêté par ordonnance impériale, avec l'assentiment du Conseil fédéral.

Art. 33. — Les dispositions de la loi sur l'organisation des cours de justice sont applicables, avec les modifications nécessaires, à la langue employée devant l'office des brevets. Les demandes non écrites en langue allemande seront considérées comme non avenues.

TITRE IV

PÉNALITÉS ET DOMMAGES-INTÉRÊTS

Art. 34. — Quiconque appliquera sciemment une invention contrairement aux dispositions des articles 4 et 5, est passible d'une amende de cinq mille marcs au maximum ou d'un an de prison au maximum. En outre, il doit des dommages-intérêts à la partie lésée.

Les poursuites ne pourront pas avoir lieu d'office, mais seulement sur la plainte de la partie lésée.

Art. 35. — Si la condamnation a lieu devant une juridiction correctionnelle, il sera accordé à la partie lésée, le droit d'en publier la teneur aux frais du condamné. Le jugement déterminera le mode de publication et sa durée.

Art. 36. — En lieu et place de tous dommages-intérêts résultant de l'application de la présente loi, il peut être prononcé, à la requête de la partie lésée et en sus de la peine, une amende ou composition à payer au demandeur et s'élevant au maximum à dix mille marcs. Les personnes condamnées en même temps sont solidaires pour le paiement de cette amende ou composition.

Le paiement de l'amende exclut toute action ultérieure en dommages-intérêts.

Art. 37. — La compétence de la cour suprême de commerce, réglée par l'art. 12 de la loi du 12 juin 1869, concernant l'institution d'un tribunal supérieur pour les affaires commerciales, est étendue aux actions civiles dans lesquelles s'élèverait une prétention fondée sur les dispositions de la présente loi.

Art. 38. — Les actions pour contravention à la protection accordée par les brevets, sont prescrites dans l'espace de trois ans, à l'égard de chacun des actes qui les motivent.

Art. 39. — Les tribunaux prononceront librement suivant leur conviction et eu égard à toutes les circonstances, sur la question de savoir s'il y a eu dommage et quelle en est l'importance.

Art. 40. — Sera passible d'une amende de 150 marcs, ou de la peine de l'emprisonnement :

1° Quiconque apposera sur des objets ou sur leur enveloppe une indication pouvant faire croire que ces objets sont brevetés conformément à la présente loi ;

2° Quiconque usera dans des annonces publiques, écriteaux, cartes d'adresse ou autres moyens semblables de publicité, d'une désignation pouvant faire croire que les objets mentionnés sont protégés par un brevet conformément à la présente loi.

TITRE V

DISPOSITIONS TRANSITOIRES

Art. 41. — Les brevets existant aujourd'hui, en vertú des dispositions des lois des divers Etats Allemands, restent en vigueur jusqu'à leur expiration, en vertu de ces dispositions. Leur durée ne peut être prolongée.

Art. 42. — Le possesseur d'un brevet existant, suivant l'art. 41, peut demander, pour l'invention que ce brevet protége, la délivrance d'un brevet conformément à la présente loi. L'examen de l'invention est soumis dans ce cas à la procédure prescrite par la présente loi. Le brevet sera refusé si, avant la décision qui sera prise sur sa délivrance, le possesseur d'un autre brevet en vigueur, pour la même invention (art. 41), demande la délivrance du brevet, ou fait opposition à cette délivrance.

Celle-ci ne pourra être refusée pour défaut de nouveauté que si l'invention n'était plus nouvelle dans le sens de l'alinéa 1er de l'art. 2, lorsqu'elle fut protégée pour la première fois en Allemagne.

Art. 43. — De la durée légale d'un brevet délivré en vertu de l'art. 42 sera déduit le temps durant lequel l'invention a été déjà brevetée en vertu du plus ancien des brevets indigènes.

Le possesseur est tenu à payer les taxes légales (art. 8) pour la durée ultérieure du brevet; l'échéance et le chiffre annuel de ces taxes sont déterminés à compter du moment où l'invention a été protégée pour la première fois en Allemagne.

Art. 44. — La délivrance d'un brevet en vertu de l'art. 42, n'entrave pas l'action de ceux qui, lors de la déclaration de l'invention, avaient déjà appliqué celle-ci, sans léser les droits d'un breveté, ou avaient fait les préparatifs nécessaires à l'application.

Art. 45. — La présente loi entre en vigueur le 1er juillet 1877.

ORDONNANCE

CONCERNANT

L'ORGANISATION, LA PROCÉDURE ET LE RÈGLEMENT DES AFFAIRES DE LA COUR OU OFFICE DES BREVETS

§ 1er. — L'office des brevets d'invention se compose de sept sections.

Sont compétentes :

> les sections I et II pour statuer sur les demandes qui sont exclusivement du ressort de la technologie mécanique ;

> les sections III et IV pour statuer sur les demandes qui sont exclusivement du ressort de la technologie chimique ;

> les sections V et VI pour statuer sur les demandes se rapportant simultanément à la chimie et à la mécanique, ainsi qu'aux autres demandes de brevet ;

> la section VII pour statuer dans la procédure concernant la déclaration de *nullité* ou de *retrait* des brevets délivrés.

§ 2. — Sera compétente pour des recours contre la décision d'une section, dans la procédure concernant la délivrance d'un brevet, la section qui, à côté de la première, doit statuer sur les demandes de brevet du même ressort de la technologie, en vertu du § 1. Le président de la cour des brevets pourra cependant, dans chaque cas, ordonner qu'en outre de l'autre section compétente, une ou plusieurs autres sections devront concourir à la détermination à prendre sur la réclamation.

Seront compétentes pour des réclamations relatives à la procédure concernant la *déclaration de nullité* ou le *retrait* d'un brevet, les deux sections qui doivent ensemble, en vertu du § 1, statuer sur les demandes de brevet qui se rapportent à la même branche technologique du brevet attaqué.

§ 3. — Le président de la cour des brevets réglera la distribution des affaires aux sections. Pour des demandes ou des requêtes ne concernant pas la *délivrance,* la *déclaration de nullité* ou le *retrait* d'un brevet, le président peut désigner, dans chaque cas la section compétente.

§ 4. — Ne pourront prendre part aux délibérations d'une section que les membres qui en font partie.

A chacune des sections I et II doivent appartenir au moins 5, à chacune des sections III et IV au moins 3, à chacune des sections V et VI au moins 4, et à la section VII au moins 6 membres temporairement nommés, ou non permanents

Des membres des sections V et VI au moins un doit être choisi parmi les membres de *chacune* des 4 premières sections; et des membres de la section VII au moins un doit être pris dans *chacune* des six premières sections.

A chaque section doit appartenir au moins un membre permanent. En outre dans la section VII se trouve le président de l'office des brevets.

§ 5. — Les sections seront constituées pour un an ou pour une période plus longue, par une ordonnance du président de la cour des brevets, désignant aussi les membres de chaque section.

A l'expiration de la période, pour laquelle les sections avaient été constituées, le président de la cour des brevets constituera de nouveau les sections pour un an au moins. La composition des sections peut rester intacte. En cas de décès, de maladie ou d'absence prolongée d'un membre, des membres d'une autre section pourront être convoqués dans la section considérée par un ordre du président, pour le temps qui sera nécessaire.

§ 6. — La gérance des affaires dans les sections sera dirigée par un membre, désigné par le président de la cour des brevets. Dans la section VII c'est le président lui-même. En cas de recours contre des arrêts, pris par une des six premières sections, le président de la cour des brevets se chargera de la direction des affaires ; il désignera d'avance pour le temps fixé au § 5 le membre qui doit présider aux délibérations, lorsqu'il s'agit de recours contre les arrêts pris par la section VII.

De même, le président doit pourvoir à son remplacement et à celui des membres chargés de la direction des débats et de l'expédition des affaires.

§ 7. — Dans chacune des sections la tâche du membre qui préside sera de prendre les dispositions nécessaires pour la marche des affaires, en tant que ces dispositions ne préjugent pas la question. Le membre qui préside doit surtout nommer, pour chaque cause, le rapporteur, qui seul, ou avec l'aide d'un second membre, doit examiner l'affaire. Le rapporteur prend la parole dans les sessions, et rédige par écrit, dans la forme convenable, les arrêts et les décisions à signifier aux intéressés. Le membre qui préside est autorisé à faire des modifications à la rédaction, pour autant qu'elles lui paraissent convenables.

Quant à l'adjonction d'experts (voir loi sur les brevets § 14 alinéa 5), les sections en décideront.

§ 8. — Les arrêts des sections ne pourront être pris qu'après un rapport verbal dans la session :

1° lorsqu'il s'agit d'un arrêt en vertu du § 25 de la loi;

2° lorsqu'il s'agit d'une dénonciation comminatoire de *retrait* d'un brevet (voir § 29 alinéa 3 de la loi) ;

3° lorsqu'il s'agit de la décision sur la *déclaration de nullité* ou du *retrait* d'un brevet.

§ 9. — Les arrêts et les décisions des sections seront pris à la majorité. Si les votes sont égaux, la voix du membre qui préside, décide. Si la prise de l'arrêt ou de la décision a été précédée par l'audition des parties intéressées (loi sur les brevets § 24 alinéa 2, § 25 alinéa 2, § 29 alinéa 2), un membre n'ayant pas assisté à cette audition ne pourra pas prendre part au suffrage.

§ 10. — Le président de la cour des brevets doit veiller à ce que la conduite des affaires soit uniforme et que les mêmes principes soient observés. Dans ce but il est autorisé à assister aux délibérations des sections, à réunir tous les membres dans une même assemblée, et à provoquer la délibération, dans cette assemblée, sur les questions proposées.

§ 11. — Les séances des sections auront lieu le plus souvent aux jours et aux heures fixés par le président de la cour des brevets.

Des témoins et des experts, en vertu des dispositions en vigueur, recevront à leur domicile et pour des actions civiles, une indemnité pour perte de temps et restitution des frais causés; les experts recevront en outre une rémunération pour leur travail.

§ 13. Aux frais de la procédure, que la cour des brevets doit fixer en vertu du § 30 de la loi, devront être ajoutés, en dehors des avances faites par la caisse de la cour, les frais causés aux parties intéressées, jugés nécessaires par la cour, pour faire valoir convenablement leurs prétentions et leurs droits.

§ 14. — L'organisation des bureaux, l'administration de la caisse, de la bibliothèque et des collections, seront constituées par le président de la cour des brevets. Le président donnera de même les instructions nécessaires pour les employés.

§ 15. — Le président de la cour des brevets dirigera et surveillera la gérance des affaires. Il est le supérieur des employés subalternes et en sous-ordre. Il décide sur toutes les questions d'administration.

§ 16. — Les affaires présentées pendant les heures de service des bureaux doivent être numérotées et datées aussitôt par l'employé chargé de cette fonction, d'après l'ordre de leur présentation ; ou, si un tel ordre n'est pas fixé, d'après l'ordre dans lequel elles ont été reçues par l'employé ; les autres affaires seront numérotées et datées au commencement des heures de service.

§ 17. — Les pièces ou mémoires par lesquels la délivrance d'un brevet est demandée, ou qui ont rapport à la procédure déjà instruite sur la délivrance d'un brevet, seront envoyés immédiatement à la section compétente. Lorsqu'il surgit une difficulté concernant la compétence, l'avis du président de la cour des brevets doit en décider. Toutes les autres pièces doivent être présentées au président de la cour des brevets.

§ 18. — La cour des brevets pourra délivrer, d'après son propre avis, des copies et des analyses des demandes et des délibérations qui existent dans ses archives, et autant que leur connaissance n'est pas limitée par la loi, à la demande de chacun et contre le versement des frais.

§ 19. — Les expéditions des arrêts des sections seront signées : « *Kaiserliches Patentamt, Abtheilung...* » (Cour impériale des brevets, section..,). Cependant les expéditions des arrêts pris par les sections, dans le cas d'instances de recours (§ 2), ainsi que celles des décisions de la cour des brevets, ne seront signées que « *Kaiserliches Patentamt* » (Cour impériale des brevets). Les expéditions seront signées par le membre qui préside. Les citations et les significations, ainsi que les expéditions des documents de brevets, ne seront pas signées mais seulement légalisées. La légalisation des écritures ou des documents aura lieu sous la signature de l'employé désigné par le président de la cour des brevets et sous l'apposition du sceau de la cour des brevets.

§ 20. — Le sceau de la cour des brevets contient au milieu l'aigle de l'Empire et dans la légende les mots « *Kaiserliches Patentamt* » (Cour impériale des brevets).

CONSIDÉRATIONS GÉNÉRALES

Maintenant que nous avons donné le texte de la loi allemande sur les brevets d'inventions, ainsi que l'ordonnance concernant son application, il nous reste à faire connaître quelques dispositions concernant les formalités à remplir; puis nous examinerons quelques-uns des points de cette loi, qui est entrée dans la troisième année de son application.

*
* *

Le gouvernement allemand exige que la description en double soit écrite, et que les dessins, également en double, soient exécutés, sur du papier ayant 33 centimètres de hauteur et 21 centimètres de largeur.

La première expédition de chacune des feuilles de dessin doit être sur un papier Bristol lisse, non plié, ni roulé, ni froissé, et ayant 2 centimètres de marge hors cadre. Les figures, exécutées à une échelle moyenne, y seront tracées exclusivement en noir, en ayant soin de laisser en haut, au-dessous de la ligne du cadre, la place nécessaire pour mettre le titre, et en bas, à droite, une place suffisante pour la signature.

Si le format de 33 sur 21, y compris la marge, était insuffisant pour le dessin, on peut adopter les formats suivants : 33 sur 42 ou 33 sur 63.

Le duplicata peut être sur papier-toile, et l'application des couleurs, loin d'y être proscrite, comme pour l'original, y est, au contraire, désirée.

Le pouvoir, en allemand, est sur simple papier libre, et n'a besoin d'aucune légalisation.

Le gouvernement allemand a assuré, par ces dispositions, une uniformité désirable dans les titres, et il s'est ménagé la possibilité d'obtenir aisément des reproductions photo-lithographiques pour la publication, en fascicules, qu'il fait de chaque brevet, suivant la méthode anglaise et américaine.

*
* *

La législation qui est actuellement en vigueur en Allemagne, grâce aux efforts persévérants des *Ingénieurs* de ce pays, est un progrès immense, non-seulement sur l'ensemble des 25 ou 30 lois différentes des divers États, mais encore sur la convention de Zollverein, du 21 septembre 1842. Il suffit de dire que cette convention, appliquée d'ailleurs d'une manière différente par chaque État, sanctionnait ce principe : qu'un inventeur breveté pouvait bien empêcher la *fabrication* dans l'État, de l'objet couvert par un brevet, mais non l'*introduction*, d'où qu'elle vînt, ni la *vente* de l'objet introduit.

On voit donc combien était illusoire un telle protection.

La nouvelle loi de l'Empire, malgré quelques duretés, dues aux *économistes* de toutes nuances, protectionnistes ou libre-échangistes, qui considèrent les inventeurs, ou plutôt les ingénieurs, comme les ennemis de l'industrie, sera un bienfait pour l'Allemagne, si la jurisprudence, qui va se former par l'application de la loi, à côté de cette même loi, en atténue certains points qui nous ont paru manquer de libéralisme envers l'inventeur.

*
* *

On a remarqué que la loi allemande n'accorde pas de brevets pour les *aliments*, les *objets de consommation ou de remèdes* et les *produits chimiques*.

Nous croyons que cette exclusion est une erreur, et que les motifs sur lesquels on s'est appuyé pour adopter une telle règle sont mal fondés.

Déjà, par suite de ces exceptions, que nous avons

toujours considérées comme inutiles, on en est à discuter ce que l'on entend par *objets de consommation;* et pendant qu'un commentateur attentif, M. *Dambach*, admet que les *parfums*, par exemple, sont brevetables, son éminent collègue M. *Klostermann* arrive à une conclusion contraire.

Pour exclure les *produits chimiques* de la brevetabilité, on a fait valoir « que les brevets *nuisaient* beaucoup à l'industrie chimique en Allemagne! » — qu'en chimie plusieurs personnes font souvent une même invention en même temps — que la mise en œuvre offre des difficultés si grandes que l'inventeur ne parvient pas toujours à les vaincre — que par exemple la fabrication de l'alizarine et de l'aniline, brevetées en France, n'a pu soutenir la concurrence contre la fabrication faite en Allemagne, où ces couleurs n'étaient pas brevetées.

Ces arguments paraîtront assurément peu convaincants. L'alizarine et l'aniline ont été *inventées* en France où il y avait une loi protectrice des droits de l'inventeur. Leur fabrication s'est *développée* en Suisse et en Allemagne, où il n'y avait pas une telle loi. On voit bien l'intérêt qu'ont pu avoir ces puissances à.... s'approprier une telle invention; mais on n'en voit pas aussi bien la morale; on ne voit pas non plus là un exemple en faveur des forces qu'une industrie locale doit chercher à puiser dans son propre sein.

Quoiqu'il en soit des arguments que nous venons de discuter, et qui ne nous ont pas convaincus, les produits alimentaires et chimiques ne sont pas brevetables en Allemagne, et il n'y a que les machines ou les procédés à l'aide desquels on obtient ces produits, qui puissent faire l'objet d'un brevet.

*
* *

Une invention ne peut être valablement brevetée en Allemagne si elle n'y est pas *nouvelle*, c'est-à-dire si elle y a été appliquée publiquement, ou si elle a été publiée, où que ce soit, d'une manière suffisamment claire pour être exécutée. — L'application publique à l'étranger ne porte donc pas, comme en France, atteinte à la *nouveauté*. En outre, le brevet est sans effet vis-à-vis de celui qui prouve qu'il avait fait des préparatifs *suffisants* du *même objet*, avant que la demande du brevet n'ait été formulée.

La loi n'a pas précisé les cas où il y aurait *quelque chose* de nouveau dans un produit ou dans un procédé, c'est-à-dire dans tout arrangement ou combinaison quelconque. Elle a laissé ce soin, non pas comme en France, à des magistrats de l'ordre judiciaire, aidés d'experts, mais aux membres mêmes qui constituent l'ensemble de la cour des brevets, et qui ont généralement des connaissances techniques.

Une telle institution nous paraît offrir de meilleures garanties d'un bon jugement, même en ce qui concerne les cas de contrefaçon, pourvu que ses membres soient affranchis de tout sujet d'*intérêt particulier*.

*
* *

Nous passons rapidement sur les articles 2 à 9, assez clairs par eux-mêmes, et nous nous arrêterons à l'article 10, d'après lequel un brevet, quoique délivré, peut être annulé s'il est reconnu qu'il va à l'encontre de l'article 1, ou qu'il a été emprunté à un tiers sans son consentement.

Dans ce dernier cas, c'est le tiers lésé qui est seul admis à la demande en nullité.

Dans les autres cas, au contraire, et particulièrement dans celui où la nouveauté de l'invention est contestée, par suite d'une publicité antérieure, quiconque, pourvu qu'il y ait intérêt, peut requérir la nullité.

La nullité, comme en France, peut être *totale* ou *partielle*, c'est-à-dire porter sur le brevet tout entier ou seulement sur certaines parties dépourvues du caractère essentiel de nouveauté.

Une opinion s'est fait jour, d'après laquelle une

revendication toute entière pourrait être annulée, si une partie de cette revendication manquait de nouveauté.

Nous n'avons jamais pensé qu'une telle opinion pût prévaloir, et que la Cour des Brevets la sanctionnât. Il est évident que dans tout brevet contesté, ce qui n'est pas reconnu nouveau doit être élagué et annulé ; mais les parties contre lesquelles aucune preuve de non-nouveauté n'a pu être fournie, doivent équitablement rester en vigueur.

Un tel cas, du reste, s'est trouvé justement soumis à l'appréciation de la Cour des Brevets dans une contestation dont nous avions la direction ; et la Cour a jugé suivant ces vues équitables. Il importe d'autant plus de noter ce fait que la loi anglaise, encore en vigueur, en décide autrement en pareil cas. Toute revendication établie indûment comme appartenant déjà au domaine public, entraîne dans sa chute les autres revendications nouvelles. C'est une disposition tellement rigoureuse que l'on ne peut s'empêcher de l'appeler léonine, malgré qu'elle soit corrigée par la faculté d'introduire des « disclaimers », consistant à retrancher les « claims » défectueux, pourvu que les retranchements soient demandés avant le commencement de l'instance en nullité.

*
* *

Par son article 11, la loi allemande a admis le principe du retrait du brevet, après trois ans : 1° s'il n'est pas fait des efforts suffisants pour l'exploitation ; 2° si l'inventeur s'est refusé à accorder des licences qui paraissent exigées par l'intérêt public.

Ce retrait est fait, lorsque l'inventeur refuse les licences, moyennant une rémunération *convenable* et une garantie *suffisante*, et c'est de l'opinion de l'Office des brevets qu'il émane.

La composition et le fonctionnement de cet office sont données au titre II, art. 13 à 19 inclusivement ; il est inutile d'y revenir. Quant à la procédure en matière de brevets, donné au titre III, art. 20 à 33, nous donnons plus loin le texte de l'arrêté en date du 21 juillet 1877, qui règle les formalités à remplir pour le dépôt ; et pour le reste les divers articles de la loi qui se rapportent à ces objets sont assez explicites.

On voit que la loi allemande a admis le principe de *l'examen préalable*, contre lequel nous n'avons jamais cessé de protester, comme offrant une foule d'inconvénients que nous avons été à même de constater plusieurs fois. Nous croyons que déjà on en a compris les embarras ; ce qui n'empêche pas que par l'application de la loi, plusieurs brevets dont la nouveauté était au moins aussi grande que celle d'autres brevets délivrés, ont été rejetés

La loi offre il est vrai, à l'inventeur, un recours contre la décision de l'office, laquelle est encore passible d'un nouvel appel ; de sorte que l'on a ainsi donné de grandes garanties à l'inventeur, mais en l'obligeant à des dépenses et à courir des risques pour le maintien d'un brevet dont l'efficacité et les profits ne sont pas encore établis.

Dans le titre IV qui traite des peines et des indemnités, on voit qu'indépendamment de l'amende et de la prison, les tribunaux répressifs ou les tribunaux civils, peuvent librement apprécier les dommages et intérêts qu'il convient d'allouer à la partie lésée.

Toute violation des droits d'un breveté est prescrite, comme en France, par trois ans.

En résumé, à part l'élévation exagérée de la taxe, après les premières années et la minutie exigée dans la préparation des pièces, à part l'examen préalable, qui donne lieu à des méprises et à des lenteurs désespérantes, la loi allemande se présente aux spécialistes avec un ensemble d'articles qui pourraient en rendre l'application facile et les résultats féconds. L'introduction de l'étranger n'y est pas défendue comme en

France ; le délai d'exploitation y est au moins de trois ans, sans l'obligation onéreuse de la faire constater comme en Autriche, en Espagne et en d'autres pays ; un délai de trois mois, quoique sans avis préalable, est accordé pour le payement de la taxe. Enfin les premières contestations de défaut de nouveauté, d'emprunt à d'autres moyens, sont réglés par un tribunal d'hommes spéciaux, les cas de contrefaçons étant toutefois dévolus aux tribunaux répressifs ou civils.

ARRÊTÉ

DISPOSITIONS CONCERNANT LA NOTIFICATION OU DÉCLARATION
D'UNE DEMANDE DE BREVET D'INVENTION.

§ 1. — La notification ainsi que chacun des dessins et la description doivent être signés par l'inventeur ou par son représentant.

Les détails de l'invention ne doivent pas figurer ·dans la notification, mais seulement dans les pièces annexées.

§ 2. — Chacune des pièces annexées à la notification ou déclaration, doit porter un numéro d'ordre, et doit être en double exemplaire, à moins qu'il ne s'agisse de modèles ou d'échantillons.

§ 3. — La notification doit contenir les indications nécessaires, disposées, autant que possible, dans l'ordre ci-après :

a). Une description sommaire, mais précise, de ce qui forme l'objet de l'invention. De cette description doit ressortir clairement et sûrement la revendication ; c'est-à-dire ce que l'inventeur regarde comme nouveau et brevetable.

b). La demande d'un brevet d'invention pour l'objet ainsi décrit. S'il s'agit d'un brevet ou certificat additionnel (§ 7 de la loi sur les brevets), il faut que l'inventeur désigne très-exactement le brevet principal, ainsi que son numéro d'ordre et la date de sa délivrance. Si le brevet doit prendre la place d'un brevet existant (§ 42 de la loi sur les patentes ou brevets), il faut que l'inventeur désigne également et très-exactement ce dernier, et il doit joindre en même temps les documents du brevet dont la place doit être occupée par celui qu'il veut prendre. Dans ce cas la demande peut se borner à réclamer la conversion de brevet du pays (*Landes Patent*) en un brevet de l'empire. Lorsqu'on demande en même temps un brevet pour une amélioration, il faut faire une demande spéciale pour ce brevet.

c). La déclaration que le montant (20 marks) des frais exigé par la loi (§ 20 de la loi sur les brevets), a déjà été versé à la caisse du bureau des brevets, ou que ce versement sera fait en même temps que la notification.

d). Le nom, la position et la demeure de l'inventeur ; et si la notification est faite par un mandataire, ce dernier doit joindre un pouvoir signé de l'inventeur. Lorsque le brevet est demandé par un inventeur demeurant dans le pays (dans l'empire allemand), que son représentant est porté comme tel sur les registres des brevets, l'inventeur doit le spécifier dans le pouvoir (§ 19 de la loi).

Lorsqu'un représentant est désigné par un inventeur n'habitant pas le pays, on admet que cette représentation ne s'étend qu'aux points désignés dans le § 12 de la loi.

e). Un bordereau des pièces, annexées à la notification ou déclaration, en indiquant leur contenu et leur numéro d'ordre.

§ 4. — Pour toutes les pièces écrites du dossier, il faut employer du papier dans le format de 33 sur 21 centimètres.

L'écriture doit être faite avec de l'encre d'un noir parfait et non collante.

Les dessins doivent être déposés en original et duplicata. L'original doit être fait sur du fort papier à dessin blanc, glacé (Bristol ou papier-carton) aux formats de :

33 c/m de hauteur sur 21 c/m de largeur ;
ou 33 c/m   id.   sur 42 c/m   id.
ou 33 c/m   id.   sur 63 c/m   id.

Le dessin original, ainsi que toutes les écritures, doivent être exécutés à l'encre de Chine bien noire, sans couleurs ni teintes.

Le dessin doit être encadré d'un simple trait distant de 2 c/m des bords du papier. Les titres et légendes doivent se trouver également dans ce cadre. La signature de l'inventeur doit se trouver dans l'angle droit, au bas de la feuille. Dans le haut de cette feuille, et dans le cadre, on doit laisser un espace d'au moins 3 c/m de hauteur, pour le numéro, la date et la désignation du brevet.

Le duplicata est un calque sur toile de l'original. L'emploi des couleurs y est permis et désiré.

Les dessins ne doivent être ni pliés ni roulés, et il faut les emballer de façon qu'ils parviennent en bon état au bureau des patentes.

Les indications des poids et mesures doivent être faites suivant le système métrique, la température d'après Celsius ou en centigrades, la densité en poids spécifique.

Les descriptions doivent se borner à ce qui est nécessaire pour juger la demande de brevet, et il faut éviter les explications générales. Elles doivent, en outre, être disposées pour se prêter à la publication lors de la délivrance du brevet.

A la fin, il faut énoncer les revendications d'une manière plus ample que dans le titre.

L'annexion de modèles et d'échantillons est désirée lorsqu'elle peut faciliter la démonstration de l'invention ; elle est exigée quand l'invention ne peut être examinée sûrement sans cela.

Berlin, le 11 juillet 1877.

ARRÊTÉ

Le montant des frais qui, suivant l'ordonnance de la loi sur les brevets du 25 mai 1877, doit être versé à la caisse, ne doit pas être envoyé avec la demande, mais effectué par un mandat de poste portant l'adresse : *Caisse du Bureau impérial des Brevets*. Cependant, lorsqu'il s'agira d'une délivrance de brevet, le mandat devra porter le nom de l'inventeur et l'objet de la demande du brevet. En cas de réclamation, on en indiquera l'objet en même temps que le nom de celui qui fait cette réclamation. Dans les autres cas, on indiquera le nom du breveté, l'objet du brevet et le numéro qu'il porte sur les registres des brevets.

La caisse ne délivre de reçu que sur la demande expresse qui en est faite, et le port de l'envoi de ce reçu est à la charge du destinataire.

Charleville. — A. Pouillard.

MÉMOIRE

SUR

L'EXPOSITION UNIVERSELLE DE 1878

PAR

D.-A. CASALONGA, Ingénieur

PREMIER PRIX

DE LA SOCIÉTÉ DES ANCIENS ÉLÈVES DES ÉCOLES NATIONALES DES

ARTS & MÉTIERS

(Concours Mignon)

INTRODUCTION SUR L'EXPOSITION

Description de quelques Appareils divers, de la Métallurgie et de la Mécanique

GÉNÉRATEURS & MOTEURS

Petits Moteurs : à air chaud, à gaz, à vapeur, rotatifs, à pétrole

CHAUDIÈRES DIVERSES

MACHINES A VAPEUR

DES SYSTÈMES

WOOLF — COMPOUND — CORLISS

ENSEIGNEMENT PROFESSIONNEL TECHNIQUE

Prix : 16 francs

CHEZ L'AUTEUR

Office des Brevets d'invention, Patentes, etc.

15 — Rue des Halles — 15

PARIS

9 782019 320195